: ~ :

No.

: ~ :

No.

: ~ :

No.

:　～　:

No. ______

✦ 시편 119:77 …주의 법은 나의 즐거움이니이다 ✦

기록일 : 20　　년　　월　　일

:　　~　　:

No. ______

✦ 요한복음 5:39　너희가 성경에서 영생을 얻는 줄 생각하고 성경을 연구하거니와… ✦

기록일 : 20　　년　　월　　일

: ~ :

No.

: ~ : No.

:　　~　　:

No. ____

✦ 시편 40:8 나의 하나님이여 내가 주의 뜻 행하기를 즐기오니 주의 법이 나의 심중에 있나이다 ✦ 기록일 : 20　　년　　월　　일

:　　~　　:

No. ______

:　～　:

No.

: ~ :

No.

: ~ :

No. ______

:　～　:

No. ______

:　～　:

No.

✦ 디모데후서 3:16　모든 성경은 하나님의 감동으로 된 것으로 교훈과 책망과 바르게 함과 의로 교육하기에 유익하니 ✦　기록일 : 20　　년　　월　　일

: ~ :

No.

기록일 : 20 년 월 일

: ~ :

No.

: ~ :

No. ____________

:　～　:

No. ______

: ~ : No.

✦ 시편 1:2 오직 여호와의 율법을 즐거워하여 그의 율법을 주야로 묵상하는도다 ✦ 기록일 : 20 년 월 일

: ~ :

No. ____

:　　～　　:

No.

: ~ : No.

:　　~　　:

No. ______

✦ 여호수아 23:6 너희는 크게 힘써 모세의 율법책에 기록된 것을 다 지켜 행하라 ✦

기록일 : 20　　년　　월　　일

: ~ : No. ________

: ~ :

No. ______

: ~ :

No.

: ~ :

No.

:　～　:

No. ______

✦ 예레미야 36:4　…여호와께서 그에게 이르신 모든 말씀을 두루마리 책에 기록하니라 ✦

기록일 : 20　　년　　월　　일

: ~ :

No. ______

:　　～　　:

No.

✦ 시편 40:8　나의 하나님이여 내가 주의 뜻 행하기를 즐기오니 주의 법이 나의 심중에 있나이다 ✦　　기록일 : 20　　년　　월　　일

: ~ :

No. ____________

: ~ :

No. ________

: ~ :

No.

✦ 시편 119:97 내가 주의 법을 어찌 그리 사랑하는지요… ✦

기록일 : 20 년 월 일

:　　~　　:

No.

: ~ : No.

✦ 여호수아 23:6 너희는 크게 힘써 모세의 율법책에 기록된 것을 다 지켜 행하라 ✦

기록일 : 20 년 월 일

: ~ :

No. ______

: ~ :

No.

: ~ :

No.

: ~ : No.

: ~ :

No.

: ~ :

No. ______

: ~ :

No.

:　～　:

No. ______

:　　~　　:

No. ______

✦ 시편 40:8 나의 하나님이여 내가 주의 뜻 행하기를 즐기오니 주의 법이 나의 심중에 있나이다 ✦　기록일 : 20　　년　　월　　일

:　　～　　:

No.

: ~ :

No.

: ~ :

No. ____________

✦ 시편 119:105 주의 말씀은 내 발에 등이요 내 길에 빛이니이다 ✦

기록일 : 20 년 월 일

: ~ :

No.

✦ 여호수아 23:6 너희는 크게 힘써 모세의 율법책에 기록된 것을 다 지켜 행하라 ✦

기록일 : 20 년 월 일

:　～　:　　　　　　　　　　No. ______

:　～　:

No. ________

: ~ :

No.

: ~ :

No. ______

✦ 시편 119:77 …주의 법은 나의 즐거움이니이다 ✦

기록일 : 20 년 월 일

:　～　:

No.

:　　～　　:

No. ______

: ~ :

No.

: ~ : No. ____

: ~ :

No.

: ~ :

No. ______

: ~ :

No. ____

: ～ :

No. ______

: ~ : No.

: ~ :

No. ______

:　　~　　:

No. ______

✦ 시편 119:77 …주의 법은 나의 즐거움이니이다 ✦

기록일 : 20　　년　　월　　일

: ~ :

No.

: ~ :

No. ______

:　　～　　:

No. ________

: ~ :

No.

: ~ :

No. ____

:　　～　　:

No.

: ~ :

No. ______

: ~ : No. ____

: ~ :

No. ______

: ~ :

No.

✦ 시편 119:55 여호와여 내가 밤에 주의 이름을 기억하고 주의 법을 지켰나이다 ✦

기록일 : 20 년 월 일

: ~ : No. ______

:	~	:	No. ____

: ~ :

No.

: ~ : No.

: ~ :

No.

기록일 : 20 년 월 일

:　　~　　:　　No. ____

: ~ :

No.

:　~　:

No.

:　　~　　:　　　　No. ______

: ~ :

No.

:   ~   :

No. ____

:　~　:　No.

: ~ :

No. ______

: ~ :

No.

✦ 출애굽기 24:4 모세가 여호와의 모든 말씀을 기록하고 이른 아침에 일어나 산 아래에 제단을 쌓고… ✦ 기록일 : 20 년 월 일

: ~ : No.

:　~　:　　　　No.

:　　～　　:

No. ____________

✦ 시편 94:12 …주의 법으로 교훈하심을 받는 자가 복이 있나니 ✦　　기록일 : 20　　년　　월　　일

:　　~　　:

No. ______

: ~ :

No.

: ~ :

No.

: ~ :

No.

:　　～　　:

No.

:　　~　　:　　No.

: ~ :

No.

: ~ :

No.

: ~ :

No. ___________

:　　~　　:

No. ______

:　　~　　:

No. ____

:　～　:

No. ____

:　　～　　:

No. ________

: ~ :

No. ______

✦ 예레미야 36:4 …여호와께서 그에게 이르신 모든 말씀을 두루마리 책에 기록하니라 ✦

기록일 : 20 년 월 일

: ~ : No. ________

✦ 시편 1:2 오직 여호와의 율법을 즐거워하여 그의 율법을 주야로 묵상하는도다 ✦

기록일 : 20 년 월 일

: ~ :

No.

: ~ :

No. ______

:　　~　　:

No. ______

: ~ :

No.

:　　~　　:

No. ____________

✦ 시편 119:105　주의 말씀은 내 발에 등이요 내 길에 빛이니이다 ✦

기록일 : 20　　년　　월　　일

:　　～　　:

No. ______

:　　～　　:

No. ________

: ~ :

No. ______

: ~ :

No. __________

:　～　:

No. ____

: ~ :

No. ____

: ~ :

No.

No.

:　　～　　:　　No.

: ~ :

No.

: ~ :

No. ______

: ~ :

No. ____________

: ~ : No. ___________

: ~ :

No.

: ~ :

No.

✦ 시편 119:55 여호와여 내가 밤에 주의 이름을 기억하고 주의 법을 지켰나이다 ✦

기록일 : 20 년 월 일

: ~ :

No. ___________

:　～　:

No.

: ~ :

No.

: ~ : No.

: ~ : No. ______

:　～　:

No. ______

: ~ :

No.

: ~ :

No. ____________

: ~ :

No. ______

✦ 시편 40:8 나의 하나님이여 내가 주의 뜻 행하기를 즐기오니 주의 법이 나의 심중에 있나이다 ✦ 기록일 : 20 년 월 일

: ~ :

No.

: ~ : No. ______

:　　~　　:

No.

: ~ :

No.

: ~ :

No. ______

: ~ :

No. ____________

: ~ :

No. ________

✦ 시편 119:34 내가 주의 법을 준행하며 전심으로 지키리이다 ✦

기록일 : 20   년   월   일

:　～　:

No.

: ~ : No. ____________

: ~ :

No.

:　　~　　:

No. ___________

:　～　:

No. ______

: ~ :

No.

:　～　:

No. ____________

:　　～　　:

No. ______

:　~　:

No.

:　　～　　:　　　　　　　　　　　　　　　　　　　No. ______

✦ 여호수아 1:8　이 율법책을 네 입에서 떠나지 말게 하며 주야로 그것을 묵상하라 ✦

: ~ :

No.

: ~ :

No. ______

✦ 여호수아 1:8 이 율법책을 네 입에서 떠나지 말게 하며 주야로 그것을 묵상하라 ✦ 기록일 : 20 년 월 일

: ~ :

No. ____________

:　　～　　:　　　　　　　　　　　　　　　　　No.

: ~ :

No.

✦ 여호수아 23:6 너희는 크게 힘써 모세의 율법책에 기록된 것을 다 지켜 행하라 ✦

기록일 : 20 년 월 일

:　~　:　No.

: ~ :

No. ______

: ~ :

No. ____

✦ 시편 119:34 내가 주의 법을 준행하며 전심으로 지키리이다 ✦

기록일 : 20 년 월 일

: ~ :

No.